EL GIRASOL

David M. Schwartz, galardonado autor de libros infantiles, ha escrito libros sobre diversas materias que han deleitado a niños de todo el mundo. El amplio conocimiento de las ciencias y el sentido artístico de Dwight Kuhn se combinan para producir fotografías que captan las maravillas de la naturaleza.

David M. Schwartz is an award-winning author of children's books, on a wide variety of topics, loved by children around the world. Dwight Kuhn's scientific expertise and artful eye work together with the camera to capture the awesome wonder of the natural world.

Please visit our web site at: www.garethstevens.com
For a free color catalog describing Gareth Stevens Publishing's list of high-quality books and multimedia programs, call 1-800-542-2595. Gareth Stevens Publishing's Fax: (414) 332-3567.

Library of Congress Cataloging-in-Publication Data

Schwartz, David M.
    [Sunflower. Spanish]
    El girasol / David M. Schwartz; fotografías de Dwight Kuhn; [Spanish translation, Guillermo Gutiérrez and Tatiana Acosta]. —
North American ed.
        p. cm. — (Ciclos de vida)
    Includes bibliographical references and index.
    Summary: Describes the growth of the appropriately named sunflower from seed to mature plant.
    ISBN 0-8368-2997-2 (lib. bdg.)
    1. Sunflowers—Life cycles—Juvenile literature. [1. Sunflowers. 2. Spanish language materials.] I. Kuhn, Dwight, ill. II. Title.
QK495.C74S3418   2001
583'.99—dc21   2001042691

This North American edition first published in 2001 by
Gareth Stevens Publishing
A World Almanac Education Group Company
330 West Olive Street, Suite 100
Milwaukee, WI 53212 USA

Also published as *Sunflower* in 2001 by Gareth Stevens, Inc.
First published in the United States in 1999 by Creative Teaching Press, Inc., P.O. Box 2723, Huntington Beach, CA 92647-0723.
Text © 1999 by David M. Schwartz; photographs © 1999 by Dwight Kuhn. Additional end matter © 2001 by Gareth Stevens, Inc.

Gareth Stevens editor: Mary Dykstra
Gareth Stevens graphic design: Scott Krall and Tammy Gruenewald
Translators: Tatiana Acosta and Guillermo Gutiérrez
Additional end matter: Belén García-Alvarado

Printed in the United States of America

2 3 4 5 6 7 8 9 05 04 03 02

EL GIRASOL

David M. Schwartz
fotografías de Dwight Kuhn

TRAMPOLÍN A LA
CIENCIA

Gareth Stevens Publishing
A WORLD ALMANAC EDUCATION GROUP COMPANY

Los girasoles son los gigantes del jardín.
Con sus enormes flores amarillas, ¡el
nombre les va como anillo al dedo!
Muchos girasoles te parecerán
gigantes, ya que pueden
llegar a medir más
de 8 pies de alto
(2.5 metros). Sin
embargo, no todos
los girasoles son
altos; algunos no
te llegarán ni
a la rodilla.

Un girasol gigante sale de una pequeña semilla. La cáscara o capa exterior de la semilla tiene rayas. Cuando el agua penetra en la semilla, ésta se hincha hasta romperse y de su interior sale una pequeña raíz. La raíz crece dentro de la tierra, hacia abajo.

Poco después, un pequeño tallo empieza a crecer hacia arriba, en dirección al sol, y brotan dos hojas. Estas hojas, llamadas hojas de la semilla, empujan la cáscara. ¡Llega un momento en que parece que el brote llevara un sombrero!

Si reciben mucha luz, los brotes crecen con rapidez y nuevas hojas empiezan a salir. Las hojas usan la luz solar, el agua y el dióxido de carbono (un gas del aire) para fabricar azúcar. Las hojas son como pequeñas fábricas de alimento para la planta de girasol.

El brote crece hasta convertirse en un tallo alto y fuerte. En la punta del tallo, se forma una cabezuela que luego se abre. Aunque parece una flor gigante, se trata en realidad de cientos de diminutas florecitas, o flósculos.

En la cabezuela hay dos clases de flósculos. Unos 2,000 flósculos de color oscuro se apiñan en el centro. A su alrededor, crecen unos 100 flósculos con pétalos de un color amarillo vivo.

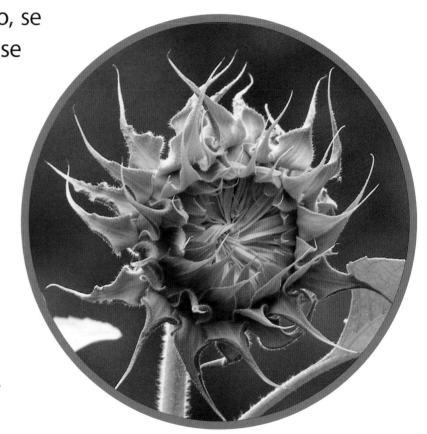

Para el momento en que la cabezuela se abre, los flósculos oscuros aún son minúsculas yemas. Poco después, las yemas se abren y el néctar de los flósculos atrae a las abejas y a otros insectos.

Los pétalos amarillos que crecen en la parte exterior de la cabezuela sirven para atraer a las abejas. Éstas van de un flósculo a otro tomando el néctar, y así llevan el polen de una parte de la cabezuela a otra.

Cuando el polen cae dentro de un flósculo, una semilla comienza a formarse. En poco tiempo, la cabezuela tendrá muchas semillas nuevas, y muchos flósculos empezarán a marchitarse.

Si arrancas una semilla de la cabezuela para observarla, es posible que todavía tenga pegada un flósculo.

Las semillas crecen y se vuelven oscuras. Para cuando llega el otoño, la cabezuela se dobla por el peso de las semillas.

Los pájaros, las ardillas y otros animales suelen encontrar las sabrosas semillas y comérselas. Si tienes suerte, ¡hasta es posible que te les adelantes! Las semillas que nadie se come caen al suelo.

Cuando la tierra se caliente y las lluvias de la primavera empiecen a caer, las semillas del suelo comenzarán a crecer y el ciclo de vida del girasol se iniciará otra vez.

¿Puedes poner en orden las siguientes etapas del ciclo de vida de un girasol?

Respuesta

GLOSARIO

apiñarse: formar un grupo.

arrancar: separar o quitar con un movimiento brusco.

brote: planta joven que sale de una semilla.

dióxido de carbono: gas inodoro e incoloro que los animales exhalan y que las plantas usan para fabricar su alimento.

doblarse: inclinarse.

erguirse: elevarse, alzarse.

flósculo: cada una de las pequeñas flores que, juntas, parecen formar una sola flor grande, o cabezuela.

hojas de la semilla: primer par de hojas que brota al germinar la semilla.

marchitarse: secarse.

néctar: líquido dulce que hay en las flores y que les gusta a muchos insectos y pájaros.

pétalo: cada hoja de colores vivos de la flor.

polen: polvillo amarillo que hay en las flores y que contiene las células masculinas de la planta.

yema: pequeño brote abultado y redondeado que sale en los tallos y las ramas, y que contiene flores u hojas que no se han desarrollado por completo.

Siembra un rayo de luz

Llena una maceta con tierra, dejando un espacio de 1 pulgada (2.5 cm) en la parte superior. Con el dedo, haz cuatro o cinco agujeros y pon una semilla de girasol en cada uno. Cubre las semillas con más tierra y riégalas hasta que la tierra esté húmeda. Pon la maceta en un lugar soleado al aire libre. Riégala para que la tierra no se seque y mira cómo crecen los girasoles.

¿Dónde le llegas al girasol?

¡Los girasoles pueden llegar a ser muy altos! Usa una cinta métrica o una regla para marcar en el suelo 8 pies (2.5 m). Túmbate al lado de la medida que marcaste de modo que tus pies coincidan con uno de sus extremos. Pídele a alguien que marque donde está la punta de tu cabeza. ¿Dónde le llegas al girasol?

Animales de semillas

Usa semillas de girasol o de otro tipo para crear el dibujo de un animal —¡o el de un monstruo! Primero, traza el contorno del dibujo en un trozo de cartón. Luego, pon pegamento en algunas partes y cúbrelas con semillas. Usa semillas de distintos tamaños y colores.

Un comedero solar

Haz un comedero para pájaros. Pídele a un adulto que te ayude a recortar un rectángulo grande en cada cara de un cartón de leche de medio galón (2 litros), a no menos de 1 pulgada (2.5 cm) de los bordes. Con una engrapadora, fija la parte superior del cartón a la parte de abajo de un gancho de ropa de alambre. Pon semillas de girasol en el cartón y cuélgalo en el patio. Anota qué pájaros acuden al comedero.

Más libros para leer

Carlos planta un girasol. Kate Petty (Northland Publishers)
El autobús mágico se queda plantado: Un libro sobre la fotosíntesis. Lenore Notkin,
    Nancy Krulik, Bob Ostrom, Joanna Cole (Scholastic)
Esas perversas plantas. Colección Esa horrible ciencia (Editorial Molino)
Las plantas. (Evan-Moor Educational Publishers)
Los secretos de las plantas. (Altea / Santillana)

Páginas Web

http://www.zonaverde.net/dibujos.htm

Algunas páginas Web no son permanentes. Puedes buscar otras páginas Web usando un buen buscador para localizar los siguientes temas: *flores, jardinería, plantas, polen, semillas, fotosíntesis* y *girasoles.*

ÍNDICE